DOCE JUEGOS
CON UNA BARAJA PRESTADA

♠ ♥ ♣ ♦

MARTIN GARDNER
ilustraciones de Tarbell

Páginas
LIBROS DE MAGIA

Traducción: *Pablo Basterrechea*
Producción editorial: *Gabriela Goldadler*
Corrección: *David Redondo*
Diseño de cubierta e interiores: *Estudio Pep Carrió*
Desarrollo y maquetación de interiores:: *Beatriz Naranjo y Gabriela Goldadler*

I.S.B.N.: 978-84-15058-46-5
Dep. Legal: M-35745-2019
Impreso en España

Mi experiencia y todo lo que sé sobre cómo hacer milagros con una baraja normal me llevan a afirmar que Martin Gardner, al compartir con la comunidad mágica esta recopilación de efectos cartomágicos, ha hecho una valiosa aportación a este arte.

La simplicidad en los manejos, la originalidad y el entretenimiento de sus efectos le situarán entre los mejores expertos en esta especialidad.

Mágicamente,

Paul Rosini

♠ ♥ ♣ ♦

PRÓLOGO
Martin Gardner
Chicago –1940

A pesar de haberme esforzado mucho para eliminar cualquier técnica difícil o innecesaria en los efectos que explico en este libro, he visto que varios de ellos requieren que el mago sea capaz de realizar la «mezcla falsa de Erdnase» que sirve para retener un paquete de cartas en la parte superior de la baraja.[1] La mayoría de los cartomagos están familiarizados con esa mezcla, pero pensando en los que no la conocen (y que no tengan a mano una copia del Erdnase), parece razonable incluir en algún lugar de este libro una descripción de esa técnica. Y el prólogo es un lugar tan bueno como cualquier otro para explicarla.

Sujeta la baraja en la mano izquierda, en la posición de partida para hacer una mezcla por arrastre. El dorso de las cartas estará en el lado del pulgar. La mano derecha agarra y levanta tres cuartas partes de la baraja, para empezar la mezcla. El pulgar izquierdo arrastra la primera carta del paquete de la derecha y la deja sobre el otro, en salida interior. Es decir, que el pulgar presiona sobre dicha carta para que caiga sobre el paquetito izquierdo y quede asomando ligeramente por el lado más cercano a tu cuerpo. El resto de las cartas del paquete de la mano derecha son arrastradas y mezcladas sobre esa primera carta. La mano derecha vuelve a levantar tres cuartas partes de la baraja. Una vez hecho, el pulgar derecho empuja hacia el interior del mazo la carta que asoma, creando una separación justo bajo ella. Las cartas de la mano derecha vuelven a ser mezcladas sobre las otras, hasta llegar a la separación del pulgar, y en ese momento el bloque de cartas restante se deja caer sobre el resto del mazo. Esto completa la mezcla, que habrá dejado intacto el orden de la cuarta parte superior del mazo.

Con un poco de ensayo serás capaz de realizar esta mezcla con soltura, desplazando la carta en salida interior apenas medio centímetro y haciendo que la separación tomada por el pulgar derecho sea tan pequeña que no sea detectable ni siquiera para alguien que observe las cartas por encima de tu hombro. Debo añadir también que una vez arrastrada esa primera carta es recomendable que las siguientes no se vayan dejando alineadas con el resto de la baraja; mejor se empezarán dejando alineadas con la carta desplazada, y gradualmente irás dejándolas más hacia fuera. De esta forma no será obvio que hay una carta asomando, pero será igual de fácil obtener la separación con el pulgar.

La mezcla también supone un método muy útil para llevar una carta elegida a la primera posición de la baraja. Empieza una mezcla por arrastre hasta que la mitad del mazo esté en la mano izquierda. Ofrece esta mitad para que depositen sobre ella la carta elegida. Arrastra sobre ella, en salida interior, la primera carta de la mitad de la mano derecha; continúa la mezcla como se explicó antes. Al terminar el proceso la carta elegida estará en la primera posición del mazo. Si se prefiere que la carta quede en la posición segunda, tercera o cuarta solo se necesita arrastrar el número adecuado de cartas sobre la elegida, antes de arrastrar una carta en salida interior.

Todos los juegos contenidos en este libro han sido, por lo que yo sé, ideados por mí. Eso, por supuesto, no quita que muchos de ellos no sean más que una combinación de principios o técnicas muy conocidas.

Finalmente, me gustaría agradecer a Paul Rosini su generosa introducción. Quienes han tenido el privilegio de verle trabajar estarán de acuerdo en que probablemente no hay ningún otro mago en Estados Unidos que combine su profundo conocimiento de la cartomagia con su increíble habilidad técnica. Uno solo puede desear que algún día se pueda convencer a Paul para que escriba algo más que una introducción.

REVOLTIJO MEJORADO

El principio del «revoltijo», una invención cartomágica relativamente reciente, ha tenido ya un desarrollo interesante. Al principio se presentaba solamente como un efecto instantáneo. El mazo era aparentemente mezclado de forma que la mitad de las cartas quedaban cara arriba, intercaladas caóticamente con las otras, que estaban cara abajo. El mago explicaba que había realizado una «mezcla descuidada», con la idea de que cuando las cartas se recolocasen después poniéndolas con la misma orientación quedarían totalmente mezcladas. Para demostrar que la mezcla no era tan descuidada como parecía, el mago le daba un golpecito al mazo en una esquina, e inmediatamente la extendía sobre la mesa. Todos quedaban asombrados al ver que las cartas estaban exactamente igual que antes de hacer la mezcla.

Poco tiempo después a alguien se le ocurrió combinar esa mezcla caótica con la revelación de una carta elegida. La carta era devuelta al mazo, se realizaba la «mezcla», y a continuación se extendía la baraja. La carta elegida se mostraba como la única que quedaba cara arriba.

El añadido de una carta elegida enseguida llevó a que fueran varias en vez de una. Se incorporó también una mezcla por hojeo para que las cartas elegidas aparecieran –cara arriba– distribuidas por distintos puntos de la extensión.

En todos los efectos comentados era necesario que el mago realizase un medio salto (que consiste en voltear secretamente la mitad inferior de la baraja). En mi versión se elimina este medio salto. En ella, son tres las cartas elegidas. El manejo es limpio, directo y carece de movimientos sospechosos.

Método

El efecto es igual de efectivo con una, dos o tres cartas elegidas. Supondremos que serán tres. Estas cartas deberán controlarse en la parte inferior de la baraja.

Cada mago utilizará su propio manejo para llevar las cartas elegidas bajo el mazo, y tú escogerás, por supuesto, el que encaje mejor con el estilo de tu cartomagia. Para mí, una forma sencilla de controlar las cartas es la mezcla por arrastre. Mezcla las cartas hasta que haya un tercio de la baraja en la mano izquierda, y haz que devuelvan sobre ellas las tres cartas elegidas. Prosigue la mezcla, dejando en salida interior la primera carta que arrastras para obtener luego una separación con el pulgar y llevar arriba las elegidas (tal como se explicó en el prólogo). Una vez que las tres cartas estén arriba inicia una nueva mezcla, cuidando de arrastrar una a una las tres primeras cartas; así llevarás las elegidas hasta las posiciones inferiores de la baraja.

Si lo prefieres puedes controlar cada carta por separado. Lleva arriba la primera de ellas mediante la mezcla de Erdnase, y al iniciar una segunda mezcla levanta con la mano derecha los dos tercios inferiores del mazo. Adelanta la mano izquierda para que depositen la segunda de las elegidas sobre las cartas de esta mano y repite el mismo control que antes; ya tendrás arriba las dos primeras cartas. Haz lo mismo con la tercera, y a continuación pasa las tres primeras cartas a las posiciones inferiores del mazo, como se explicó en el párrafo anterior.

Una vez estén abajo las tres elegidas, imita un corte de la baraja extrayendo un bloque del centro y dejándolo caer sobre el resto del mazo. Si algún espectador sospechaba que estabas controlando las cartas en la parte superior o inferior de la baraja, esta maniobra le despistará por completo.

En este momento se necesita combar un poquito las cartas. Probablemente la forma más simple de conseguirlo sea hacer un pequeño acordeón con la baraja, lanzando las cartas de la mano derecha a la izquierda. Otra opción es intercalar las cartas mediante una mezcla americana (conservando abajo las tres elegidas, por supuesto), para rematar la mezcla con la habitual «cascada» que termina la imbricación de las cartas. Esta floritura producirá en la baraja la curvatura deseada, cuya utilidad se verá más adelante.

Ahora llega la «mezcla revoltijo». La baraja comienza dorso arriba sobre la mano izquierda. El pulgar de esta mano empuja hacia la derecha un pequeño paquetito, de unas seis o siete cartas. La mano derecha agarra este montoncito por su borde derecho, con el pulgar por arriba y los demás dedos por abajo. El paquetito se voltea ahora cara arriba, girando la mano derecha hacia ti. En este momento el pulgar izquierdo desplaza otro paquetito de cartas hacia la derecha, que se toma con la mano derecha. Se ubicará bajo las cartas que ya sujetaba la mano derecha, es decir, que se sujetan con el pulgar derecho. La mano derecha voltea de nuevo sus cartas, invirtiendo el giro anterior. El pulgar izquierdo empuja un tercer paquetito de cartas, que nuevamente se coge con la mano derecha; irá debajo de las cartas anteriores, con lo que esta vez se sujetan con los dedos derechos en vez del pulgar. Se sigue repitiendo esta secuencia de movimientos, girando cada vez las cartas de la mano derecha antes de coger el paquete siguiente, hasta agotar las cartas de la mano izquierda.

Para los espectadores, la ilusión de que las cartas se han entremezclado aleatoriamente, unas cara arriba y otras cara abajo, es perfecta. En realidad, al finalizar la mezcla la baraja habrá quedado dividida en dos bloques. La mitad superior solo tendrá cartas cara arriba, y la mitad inferior solo cartas cara abajo. Es decir, que las dos mitades están «dándose la espalda».

Para emplear esta mezcla en este efecto hay que seguir el procedimiento descrito hasta que en la mano izquierda queden unas diez cartas. En ese momento el pulgar izquierdo extenderá ligeramente sus cartas hacia la derecha para desplazar todas las que queden por encima de las tres inferiores (que son, como se recordará, las que fueron elegidas). La mano derecha se lleva todas las cartas menos las tres inferiores, se vuelve a girar para voltear su paquete, y las tres cartas de la izquierda se depositan encima del resto de la baraja. No importa en cuál de las dos posiciones esté en ese momento la mano derecha, las elegidas van arriba en cualquier caso.

He ideado un manejo bastante bueno para controlar las cartas elegidas que no requiere llevarlas ni a la parte superior ni a la parte inferior del mazo antes de iniciar la «mezcla revoltijo». Lo explico a continuación, por si lo prefieres usar en vez del método convencional.

La cosa va así: en vez de hacer que se devuelvan las cartas en el medio de la baraja, levanta con la mano derecha cuatro quintas partes del mazo y haz que las tres cartas elegidas sean depositadas sobre el montón que queda en la mano izquierda. Devuelve sobre ellas el paquete de la mano derecha, tomando una separación con el meñique izquierdo. Empieza ahora la mezcla descrita, hasta el momento en el que llegues a la separación. En ese punto, el pulgar izquierdo empuja las tres cartas siguientes –las elegidas-, que irán cara abajo sobre las cartas de la mano derecha. Inmediatamente la mano izquierda deja el resto de sus cartas, cara abajo, bajo las cartas de la mano derecha. Correctamente hecho, este manejo deja las cartas exactamente igual que el método antes explicado. Es decir, que estarán las dos mitades «dándose la espalda», y las tres elegidas estarán cara abajo sobre el conjunto. Eso sí, la curvatura de la baraja debe haberse preparado antes de la devolución de las tres cartas, a diferencia del otro procedimiento.

Este manejo alternativo tiene la virtud de eliminar cualquier tipo de salto o mezcla controladora para llevar las tres cartas elegidas a la parte inferior de la baraja, y te permite empezar la «mezcla revoltijo» en cuanto las cartas han sido devueltas al mazo.

Lo ideal es hacer la mezcla tan «caótica» como se pueda. Es decir, que no hay que hacer el menor esfuerzo por mantener bien cuadradas las cartas que se van incorporando al paquete de la mano derecha. Esto reforzará la ilusión de que las cartas van quedando realmente mezcladas.

Cuadra ahora las cartas y colócalas sobre la mano izquierda como muestra la figura 2.[2]

2. Quizá el lector se haya sorprendido de que la primera figura del libro sea numerada como «figura 2». La explicación del misterio está detallada en «Un trocito de historia que se perdió», en la pág. 17 de la presente obra. (N.T.)

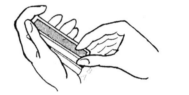

2

Las tres primeras cartas son las elegidas. Hacia el centro del mazo habrá una separación, producida por la curvatura que se dio a la baraja. La mano derecha se acerca al extremo de la baraja más próximo a tu cuerpo y, como se ve en la figura, levanta la mitad superior (a partir de la separación). Esta mitad se deposita sobre la mesa. La mano izquierda se acerca ahora, colocando su mitad a la izquierda de las de la mesa, en posición para hacer con las dos mitades una mezcla por hojeo. Sin embargo, mientras la mano izquierda baja hacia la mesa se gira palma abajo, de modo que sus cartas quedan cara arriba como se ve en la siguiente figura.

3

La mano derecha habrá avanzado hacia delante al dejar sus cartas sobre la mesa, lo que atraerá las miradas de los espectadores. De esta forma, mientras está ahí la atención del público, queda oculto el giro de la mano izquierda según se acerca para depositar sus cartas sobre la mesa.

Este manejo ha servido para sustituir el medio salto. Sobre la mesa todas las cartas están ahora cara arriba salvo las tres elegidas, que están cara abajo sobre la mitad de la derecha.

Ahora hay que intercalar las cartas hojeando las esquinas interiores de las dos mitades. El hojeo debe hacerse con los pulgares, cubriendo los paquetes con las manos tanto como se pueda. Las cartas se pasarán rápidamente, y la cobertura de las manos busca que el público no pueda ver que las cartas están en la misma orientación. Antes de comenzar el hojeo los dedos derechos desplazan ligeramente la carta superior hacia ti. La mitad derecha hojeará sus cartas más deprisa que la izquierda, pero el pulgar derecho retendrá la carta superior para que sea la última en caer. Es decir, que hojearás rápidamente la mitad derecha, reteniendo su primera carta, después terminarás de hojear la mitad izquierda y por último dejarás caer la carta superior de la mitad derecha. Esto se hace así para asegurarse de que las tres cartas elegidas no quedan seguidas tras hacer la mezcla.

Tras la imbricación empuja suavemente un paquete hacia el otro, para que el contraste entre la carta cara arriba que corona la mitad izquierda y la que hay dorso arriba sobre la mitad derecha refuerce la ilusión de que la baraja está mezclada.

Cuadra la baraja y pide que alguien corte y complete el mazo. Nuevamente se habrá reforzado la ilusión, por el contraste entre el dorso de la mitad superior y la cara de la carta de corte.

Voltea y cuadra nuevamente la baraja. Haz una pausa para explicar que vas a hacer que las cartas se recoloquen solas, para quedar todas con la misma orientación. No menciones las tres cartas que fueron elegidas.

Extiende la baraja sobre la mesa. No hagas una extensión muy amplia, y evita presionar las cartas mientras las extiendes. Como las cartas que están cara contra cara tienden a adherirse un poco, ¡es probable que las tres cartas elegidas permanezcan ocultas entre las otras! Si así ocurre, haz una pausa y anuncia que ahora vas a intentar localizar las tres cartas elegidas. Pide que nombren dichas cartas. Cuadra la baraja y vuelve a extenderla, esta vez presionando bien las cartas y extendiéndolas ampliamente. La repentina aparición de las tres cartas resulta muy sorprendente y proporciona un fantástico final para este juego.

Si al extender solo se ven una o dos de las cartas elegidas, extráelas y vuelve a hacer la extensión. ¡A mí me ha ocurrido frecuentemente que en la primera extensión no se ve ninguna carta, y ha sido necesaria una extensión más para cada una de las cartas! Cuando esto ocurre es recomendable realizar la última extensión con la baraja cara arriba. Separa la carta que aparecerá de dorso, pide que nombren la elegida, y voltéala dramáticamente.

Pon a punto tu propia presentación, con una charla adecuada, y dispondrás de uno de los efectos más potentes y novedosos de la cartomagia impromptu.

UN TROCITO DE HISTORIA QUE SE PERDIÓ

Hugard's Magic Monthly, enero de 1950

No es muy sabido que la primera impresión de *Doce juegos con una baraja prestada* fue retirada por su editor inmediatamente después de su envío debido a un malentendido entre Gardner y John Snyder. Transcribimos aquí una carta (sin fechar) de Martin Gardner a P. Howard Lyons:

Querido Howard:
Esto es todo lo que ocurrió en relación a la primera edición de mi libro. John Snyder Jr. me mostró el control de la «mezcla hindú invertida», para llevar las cartas a la posición inferior o a

la segunda posición desde abajo. No me dijo que lo había inventado él. Algún tiempo después escribí el libro e incluí ese control, mencionando que Snyder me lo había enseñado. Resultó que Snyder tenía pensado utilizarlo en un libro que estaba escribiendo (no llegó a publicarse nunca) y no quería que se divulgase. Le pedí disculpas, y Ireland lo sustituyó en el libro por otro control. Aparentemente a Bobo se le ocurrió también, de forma independiente, y Vernon dice que es muy anterior al descubrimiento de Snyder. Es algo que podría ocurrírsele a cualquiera, y no tengo ninguna duda de que Snyder lo descubrió por sí mismo.

Martin

Esta otra es una carta de Laurie Ireland a Tom Bowyer, quien en esa época escribía críticas de libros para The Linking Ring:

Querido Tom:

Devuelve el ejemplar cuando te sea posible. Te enviaremos uno nuevo en cuanto esté impreso, quizá sea mañana.

Te confesaré que, sin intención de hacerlo, en la primera edición violamos la propiedad intelectual de un buen amigo. Para serte sincero del todo, lo que estamos haciendo es quitar las grapas y sustituir las páginas que contenían ese material con otras en las que lo hemos corregido. Es una chapucilla, pero nadie notará la diferencia cuando les lleguen los libros arreglados, y nuestra manera de pedirles que nos los envíen ha sido muy discreta. Te lo estamos explicando a ti porque nos mandaste aquella nota. De estas cosas cuanto menos se hable mejor. Llevas suficiente tiempo en el negocio para comprenderlo.

Por eso, al hacer tu crítica, ignora este arreglo que te he contado. Gracias.

Laurie

A continuación figura la parte que tuvo que reescribirse en *Doce juegos con una baraja prestada*, que comienza en el segundo párrafo del «Método»:

Cada mago tendrá su propia manera de llevar las cartas hasta la parte inferior de la baraja, yo prefiero utilizar la que es conocida como «mezcla hindú invertida». Es una técnica que me enseñó John Snyder. Ignoro quién es el responsable de su invención. No es muy conocida, y creo que es la primera vez que aparece publicada.

Una vez mostrada la baraja en abanico para que sean elegidas tres cartas por tres espectadores, se cuadra el mazo y se sujeta cara abajo en la mano izquierda. La mano derecha agarra el mazo por el extremo cercano a tu cuerpo y extrae hacia atrás la mitad inferior de la baraja. Ahora se hace la mezcla hindú, de la siguiente manera: la mano derecha, con su media baraja, se coloca sobre el paquete de la mano izquierda y luego se retira hacia atrás. Sin embargo, mientras está retrocediendo el pulgar y los dedos izquierdos presionan en los lados del paquete superior y retienen un pequeño número de cartas de la parte superior de ese paquete. Cuando la mitad superior termina de retroceder estas cartas caen sobre el paquete de la mano izquierda. Este proceso se repite hasta que se agota el paquete de la mano derecha.

Haz una vez la mezcla hindú con la baraja. Vuelve a comenzar una nueva mezcla y hazla hasta que las tres cuartas partes de la baraja estén en el paquete de la mano izquierda; adelanta entonces la mano izquierda hacia la primera persona que escogió una carta y pídele que la deposite sobre las de tu mano. Cuando lo haya hecho sitúa el montón de tu mano derecha sobre el de la izquierda, pero mantén una separación entre los dos montones como si fueses a realizar el salto. Agarra ahora la mitad inferior con los dedos derechos y hazla retroceder. El meñique izquierdo presiona sobre la carta elegida y la retiene en la mano izquierda, como se ve en la figura.

Inmediatamente después de que la mitad inferior haya sido retirada, dejando la carta elegida bajo la otra mitad, el meñique izquierdo se retira para que la carta elegida pase a ser la última del paquete que sujeta la mano izquierda. Continúa con la mezcla hindú hasta agotar las cartas de la mano derecha. Tendrás así la baraja en la mano izquierda, con la carta elegida en su posición inferior.

En este punto da aparentemente un corte rápido a las cartas. En realidad extraes un paquete de cartas del centro de la baraja y las dejas caer sobre la carta superior. Si los espectadores sospechaban que con tu mezcla habías llevado la carta elegida a la posición superior, este último detalle les dejará fuera de juego.

La segunda carta elegida se maneja exactamente de la misma forma. Extrae con la derecha un gran paquete de la parte inferior de la baraja, comienza la mezcla hindú, haz que depositen la carta y continúa como se ha descrito. ¡Cuando termines tendrás las dos cartas elegidas en la parte inferior de la baraja!

De esta forma puede controlarse cualquier número de cartas elegidas. Se necesita un poco de ensayo para saber cuánta presión debe aplicar el meñique. Esta presión debe ser más bien suave, porque si es excesiva se retendrán varias cartas. Vigila los ángulos para que la separación del meñique no sea visible. He visto que lo mejor es sujetar las cartas de la mano izquierda inclinadas hacia delante de modo que el público vea sus dorsos y queden casi en vertical. La mezcla debe hacerse a buen ritmo, y terminarla con el corte falso.

En la primera edición –la que tuvo que rehacerse– la primera ilustración de «Revoltijo mejorado» está numerada como «Fig. 1». En la corregida no existe la figura 1, y las ilustraciones de ese efecto empiezan en la página 15 (en este libro), con la «Fig. 2».

FANTASÍA CARA A CARA

La técnica básica de este efecto, que te permite enfrentar la mitad de un mazo cara arriba contra la otra mitad cara abajo para inmediatamente mostrar todas las cartas en el mismo sentido, no es mía. No sé a quién acreditar su invención. Es ciertamente uno de los manejos más engañosos en cartomagia, aunque paradójicamente se utiliza poco. Mi aportación consiste en utilizarlo para presentar una novedosa revelación de dos cartas elegidas.

El efecto es el siguiente: dos cartas son escogidas por dos espectadores. Son devueltas al mazo, que se mezcla a continuación. La baraja se divide por la mitad. El paquete inferior se voltea y las dos mitades se vuelven a juntar, cara contra cara. El mago da un golpecito a la baraja y la abre en abanico. ¡Todas las cartas están dorso arriba, excepto una que muestra su cara en mitad del mazo! La carta resulta ser una de las dos que fueron elegidas. La baraja vuelve a dividirse y las dos mitades vuelven a juntarse enfrentadas cara contra cara. ¡Otro golpecito, y al abrir de nuevo la baraja en abanico vuelven a estar todas las cartas en un mismo sentido, con la segunda carta elegida volteada en el centro!

Método

Los dorsos de la baraja utilizada deben tener el borde blanco. Se empieza controlando las dos cartas elegidas en las posiciones inferiores del mazo. La mezcla hindú invertida (descrita en el efecto anterior) es una buena manera de conseguirlo.

Ahora necesitas voltear ocultamente las dos cartas elegidas para que queden cara arriba en las últimas posiciones del mazo. He experimentado con muchos métodos diferentes para conseguirlo, y estoy convencido de que la forma más sencilla y menos detectable de hacerlo es la siguiente:

Mezcla las cartas a la americana, manteniendo abajo las dos elegidas. Extiende las cartas entre tus manos, haciendo ver que todas las cartas están con la misma orientación. Al cuadrar la baraja obtén una separación sobre las dos elegidas, en el lado corto interior del mazo. La separación debe mantenerla el pulgar derecho, sujetando la baraja con la mano derecha como muestra la figura 1.

1

La mejor forma de llegar hasta esta situación es probablemente tomar primero una separación con el meñique izquierdo; después, cuando la mano derecha cuadra la baraja y se la lleva, la separación es asumida por el pulgar derecho.

Vas a explicar a tus espectadores qué es exactamente lo que te propones conseguir. Diles que vas a dividir la baraja por el centro. Mientras hablas, la mano izquierda se acerca a la derecha y se lleva la mitad superior del mazo. La mano izquierda voltea cara arriba su media baraja y la sostiene apoyada sobre su palma.

Si las instrucciones anteriores han sido seguidas correctamente tendrás ahora la mitad de la baraja cara arriba en la mano izquierda, y la otra mitad estará cara abajo en la mano derecha. Las cartas de la mano izquierda descansan sobre la palma. El pulgar se extiende sobre el lado izquierdo, como se ve en la figura 2. La mano derecha sujeta sus cartas desde encima, entre el pulgar y el dedo medio. El paquete se sujeta por sus lados cortos, como se muestra: con el pulgar en el extremo cercano a tu cuerpo y el dedo corazón en el extremo opuesto. El pulgar sigue manteniendo la separación en la esquina inferior derecha de su paquete.

2

Explica al público que pretendes invertir la mitad de la baraja (acabas de hacerlo con las cartas de la mano izquierda) y reunir los dos paquetes cara contra cara. Sincronizando tus palabras y tus gestos, la mano derecha coloca sus cartas sobre las de la mano izquierda, pero solo durante un instante. Tan pronto como las cartas estén juntas el pulgar derecho libera las dos cartas que hay bajo la separación, e inmediatamente la mano derecha adelanta el resto del paquete para que asome unos cuatro centímetros por delante de la mitad inferior de la baraja.

3

Las dos cartas que quedaron sobre la mitad inferior no serán visibles para el público porque mientras se realiza la descarga la mano izquierda se va girando hacia la derecha, dejando a la vista la parte inferior de los dos paquetes. La mano derecha se libera de sus cartas, quedando sujetas ambas mitades por la mano izquierda. El dorso de la mano izquierda queda arriba mientras señalas las dos mitades de la baraja, comentando que están enfrentadas cara contra cara.

Toma por un momento las cartas con la mano derecha y vuelve a depositarlas sobre la mano izquierda, que se habrá girado palma arriba. La figura 4 muestra la nueva situación.

4

La mano izquierda puede volver a girarse durante un instante para mostrar el otro lado de las cartas, porque su palma ocultará la parte inferior del paquete superior.

Explica que una vez tengas las dos mitades de la baraja cara contra cara vas a cuadrar la baraja (simula con la mano derecha los movimientos que harías para cuadrar las cartas, pero sin llegar a tocar las cartas) y que después darás un golpecito en una esquina de la baraja (hazlo con la mano derecha) para que la mitad inferior se voltee mágicamente. Mientras dices esto levanta con la mano derecha la mitad superior de la baraja, sujetándola por sus lados cortos —el pulgar en el lado cercano a tu cuerpo y el dedo corazón en el lado exterior—. La mano izquierda voltea sus cartas (situándolas cara abajo) y las coloca encima del paquete de la mano derecha. Cuadra ahora la baraja y sujétala dorso arriba en la mano izquierda. Una vez se haya producido esa «inversión mágica» –sigues explicando– las cartas estarán de nuevo en una misma dirección. Para ilustrar tus palabras extiende en abanico las cartas en tus manos, evitando exponer las dos cartas invertidas que hay bajo el mazo. Pero –añades– una de las cartas elegidas aparecerá cara arriba en el centro del abanico.

Vuelve a cuadrar la baraja y sujétala en la mano izquierda. ¡Acabas de describir con detalle el efecto que te propones presentar, y al hacerlo has conseguido invertir secretamente las dos cartas elegidas! En este momento se encuentran en las posiciones inferiores del mazo.

Ahora harás lo que acabas de anunciar. La baraja está en la mano izquierda. La mano derecha empieza a cortar por la mitad, sujetando el paquete superior como muestra la figura 5.

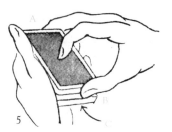

5

En este punto hay que realizar un movimiento muy curioso, con las dos manos a la vez. Mientras la mano derecha se gira para que sus cartas queden cara arriba, la izquierda también gira y coloca sus cartas cara abajo (solo en apariencia, ya que la realidad es otra) sobre el paquete de la mano derecha. La mitad de la mano derecha, no obstante, se deja desplazada unos centímetros hacia arriba. La figura 6 representa esta posición.

La mejor forma de dominar este pase es empezar sujetando las cartas como en la figura 5. Levanta la mitad superior y lleva las cartas a la posición de la figura 6. Las dos manos invierten simultáneamente sus paquetes, y entonces la mano izquierda golpea sus cartas contra las de la mano derecha. La sensación de que has puesto las cartas cara contra cara es perfecta. En realidad la baraja está exactamente igual que antes, salvo que se ha girado en bloque y tiene una parte desplazada respecto de la otra.

6

Toma las cartas con la mano derecha y deposítalas sobre la palma izquierda como hiciste antes, cuando estabas explicando lo que pretendías hacer (ver la figura 4). Gira la mano izquierda para ofrecer una rápida vista del otro lado de las cartas, y vuelve a recuperar la postura original. Cuadra la baraja. Para demostrar que las cartas están realmente enfrentadas, desliza la carta superior (que es la segunda carta elegida) e insértala por el centro del paquete, cara abajo. Voltea la baraja en bloque y repite la misma acción con la carta superior, perdiéndola boca abajo por el centro.

Da un golpecito a la baraja (del mismo modo en el que lo hiciste anteriormente) y ordena voltearse dorso arriba a la mitad inferior de la baraja. Pide al espectador que escogió la segunda carta que la nombre. Da un nuevo golpecito a la baraja mientras ordenas a la carta nombrada que se voltee cara arriba. Extiende inmediatamente las cartas en abanico. ¡Todas las cartas están ahora dorso arriba, con la excepción de la carta nombrada, que se halla cara arriba en el centro! Ten cuidado, por supuesto, de no dejar que se vea la carta inferior de la baraja, que está cara arriba. Extrae la carta elegida y déjala sobre la mesa.

La segunda carta será producida de la misma manera. Se empieza con la baraja en la mano izquierda, y se realiza el movimiento tramposo mientras aparentemente se enfrentan cara contra cara las dos mitades de la baraja. La mano izquierda sujeta las cartas y se gira un momento para mostrarlas por el otro lado. Después cuadra la baraja y sujétala en la mano izquierda. Voltea el mazo en bloque, corta por la mitad y completa el corte. ¡Este corte llevará al centro la carta elegida, cara arriba!

Da un nuevo golpecito a la baraja para «recolocar» las cartas, y otro golpe más para que se voltee la carta elegida. Pide que la nombren y extiende inmediatamente la baraja cara arriba sobre la mesa. Desliza fuera de la cinta la carta que aparece dorso arriba en el centro. Voltéala dramáticamente para concluir la rutina.

DELETREO CON DOBLE CLÍMAX

♠ ♥ ♣ ♦

No hay nada esencialmente nuevo en este efecto, pero –en mi opinión– la combinación de técnicas que contiene es única. Vengo presentándolo desde hace muchos años, y sé que ninguna otra rutina improvisada de deletreo consigue un impacto tan espectacular con tan poca técnica manipulativa.

El efecto es el siguiente: se escoge una carta y se devuelve al mazo, que se mezcla. El mago va mostrando naipes al espectador, hasta más o menos la mitad del mazo, para que vea su carta. El espectador no la ve entre ellas. Sin embargo, el mago cree que puede encontrarla de una nueva forma: deletreándola. Se trata de ir repartiendo, desde la posición superior de la baraja, una carta por cada letra del nombre de la elegida.

Procediendo a hacer lo dicho, el deletreo termina correctamente al hacerlo en la carta deletreada por el mago. ¡Pero esa no es la carta que eligió el espectador! El mago parece confundido, pero cae en la cuenta de que el juego solo funciona cuando quien hace el deletreo es el propio espectador que escogió la carta. Entrega la baraja a dicho espectador, que procede a deletrear el nombre de su carta. El deletreo finaliza correctamente en la carta elegida, que **aparece cara arriba en la baraja**.

Puede entenderse fácilmente por qué he llamado a este efecto «Deletreo con doble clímax». El que el mago deletree correctamente una carta, aunque no sea la elegida, es un efecto en sí mismo. Que a continuación el espectador deletree correctamente su propia carta es un buen clímax, pero lo es más el que su carta aparezca de pronto frente a él, cara arriba. Nunca falla, siempre produce una respuesta entusiasta por parte del público.

Método

El procedimiento es tremendamente simple. La carta elegida se controla en la segunda posición de la baraja. A mí me gusta llevarla allí mediante el control de Erdnase descrito en el prólogo.

Tras la mezcla, sujeta la baraja en la mano izquierda y con la yema del meñique toma una separación bajo la segunda carta del mazo, como si fueras a realizar un doble volteo. Sin embargo, lo que haces es voltear la primera carta, dejándola sobre la baraja. Cuadra las cartas –manteniendo la separación, como se ve en la figura 1– y pregunta si el azar y la mezcla han hecho que la primera carta sea la elegida.

1

Cuando diga que no, toma las dos primeras cartas como una, pinzándolas entre el pulgar y los dedos, por la esquina inferior derecha. Desplaza la carta doble unos centímetros a la derecha. La mano izquierda voltea ahora el resto de la baraja y la coloca sobre las dos cartas. Aparentemente has mostrado la primera carta y la has devuelto a la primera posición de la baraja. ¡Pero en realidad has hecho que la carta elegida quede vuelta en la primera posición del mazo! La excusa que debes emplear para voltear la baraja en bloque es preguntar al espectador si la carta elegida había quedado accidentalmente en la posición inferior. De nuevo te dirá que no. Cuadra las cartas dándoles un golpecito sobre la mesa, lo que te permite echar un vistazo a la carta elegida.

Sujetando la baraja cara arriba en la mano izquierda empieza a pasar cartas hacia la mano derecha, pidiendo al espectador que te avise si llega a ver su carta. Mientras vas pasando cartas deletrea en silencio el nombre de la carta elegida, pasando una carta por cada letra. En cuanto termines el deletreo, fíjate en la identidad de la **siguiente** carta. Continúa pasando cartas, deletreando ahora el nombre de esta carta. Ten cuidado de que la pausa mental entre los dos deletreos no se note en el ritmo al que pasas las cartas, que debe ser suave y pausado.

El segundo deletreo debe empezar en la propia carta. En cuanto termines este deletreo, detente y pregunta al espectador si ha visto pasar su carta. Mientras lo haces, separa la baraja por el punto en el que has terminado el deletreo. En la mano derecha tendrás ahora más o menos la mitad de la baraja. Cuando el espectador responda negativamente reúne la baraja, colocando las cartas de la mano derecha **debajo** de las de la izquierda; cuadra el conjunto, voltéalo dorso arriba y vuelve a sujetarlo en la mano izquierda.

Anuncia que vas a intentar localizar la carta deletreándola. Empieza deletreando la segunda carta, volteando las cartas una a una y colocándolas cara arriba sobre la mesa. Tu deletreo finalizará en la carta nombrada, pero no resulta ser la elegida. Entrega la baraja al espectador y pídele que deletree su carta. ¡Cuando llegue a la última letra, su carta aparecerá cara arriba sobre la baraja!

Cuando te familiarices con la rutina podrás hacerla más potente… ¡añadiendo una tercera carta! Mientras vas pasando cartas pidiendo al espectador que se fije en la suya, no separes la baraja en el punto indicado antes; fíjate en la siguiente carta y continúa hasta que finalices su deletreo. Ya no necesitas recordar el nombre de la carta elegida, pero sí los de las otras dos. Cuando fallas en el primer intento de deletrear la elegida, decides hacer un segundo intento. Pero, aunque nuevamente aparece la carta deletreada con la última letra, tampoco has encontrado la elegida. ¡Es el momento de entregar la baraja al espectador para llegar al clímax! ¡Si dejas claro al público que la baraja fue mezclada antes de comenzar la rutina, tus espectadores estarán convencidos de que eres un lince manejando las cartas!

LA CARTA AL STOP QUE NUNCA FALLA

♠ ♥ ♣ ♦

Los efectos de «carta al stop» vienen y se van. Quizá te guste esta versión. Requiere de una ordenación, pero tiene un punto fuerte: no falla nunca. Y su ordenación nunca es intuida por el público.

Se reparten veinte cartas desde la parte superior de la baraja, y se dejan aparte. Del resto de la baraja se elige una carta, que se devuelve al paquete; el montón se mezcla y se deja sobre la mesa. El montón de las veinte cartas se extiende cara arriba para mostrar que van a representar valores numéricos, los comprendidos entre uno y trece. El paquetito se cuadra y se sujeta cara abajo en la mano izquierda. La mano derecha va pasando sus cartas una a una sobre la mesa, cara arriba; pide al espectador que te detenga cuando prefiera. Se mira el valor numérico de la carta en la que te ha parado. El otro paquete, el que contiene la carta elegida, se entrega al espectador. Él cuenta una a una sus cartas, hasta el número elegido, y allí encuentra su carta.

Método

La preparación afecta a quince cartas. Saca de la baraja los Dieces y las Jotas, y mezcla las ocho cartas para que queden bien desordenadas. Saca ahora de la baraja otras siete cartas indiferentes, e intercálalas con los Dieces y Jotas. En otras palabras, una de cada dos cartas será o una Jota o un Diez. Habrá quince cartas en total, y tanto la primera como la última serán o una Jota o un Diez. Coloca estas quince cartas sobre el resto de la baraja.

Empieza el juego mezclando la baraja de forma que conserves el grupo de cartas preordenado (puedes usar la mezcla de Erdnase descrita en el prólogo), y a continuación reparte las veinte primeras cartas sobre la mesa. Deja a un lado este montón. Ofrece en abanico el resto de la baraja para que se escoja una carta. Mientras vas pasando cartas de una mano a otra cuenta las diez primeras e intenta forzar la undécima. Si lo logras, remarca que la carta se deja en la misma posición en la que estaba; si no lo consigues, obtén una separación bajo la décima carta y haz que devuelvan la elegida en esa posición. Haz una mezcla rápida que no cambie la posición de la carta elegida, y deja el paquete sobre la mesa.

Toma ahora el montón de veinte cartas y muéstralo extendiéndolo cara arriba entre tus manos, comentando que las cartas tienen diferentes valores. Cuadra el paquete cara abajo y empieza a repartir cartas una a una sobre la mesa, cara arriba. Las cinco primeras muestran valores indiferentes. Mientras vas pasando esas cinco, pide al espectador que te detenga en el momento que quiera. Para cuando hayas terminado la frase las cinco primeras cartas ya estarán sobre la mesa.

Cuando el espectador te detenga te será muy sencillo dar a entender que la carta en la que te ha parado es un Diez o una Jota. Si en ese momento tienes una de esas cartas en la mano, simplemente la pones a un lado y anuncias cuál es su valor. Si no es un Diez o una Jota, la dejas boca arriba sobre las de la mesa y centras tu atención en la primera carta del montón de tu mano izquierda.

Una vez mostrada la carta (un Diez o una Jota) muestra también la carta anterior y la siguiente para dejar claro que si te hubiesen detenido un instante antes o un instante después la carta designada habría tenido un valor totalmente distinto.

Toma el paquete grande de la mesa y entrégaselo a un espectador para que cuente cartas una a una hasta el número indicado. Si el número es diez, debes pedirle que cuente diez cartas y que voltee la siguiente. ¡Pero si era una Jota, debe contar once y voltear la undécima carta!

Otra forma muy efectiva de manejar la parte del «stop» del juego es extender las cartas cara arriba y pasear tu dedo índice lentamente de un extremo a otro, pidiendo al espectador que te diga «alto» cuando lo desee. Mantén el dedo suficientemente elevado como para que no sea evidente a qué carta está señalando cuando el espectador te detenga.

Los Dieces y las Jotas son tan diferentes que es muy improbable que alguien detecte la ordenación del paquete.

♠ ♥ ♣ ♦ # LOCALIZACIÓN CON EL SIETE DE PICAS[3]

3. El título que da Gardner a este juego es «Big Casino count down», y se basa en que el Diez de Diamantes es llamado «Big Casino Card» en un juego de sobremesa llamado Casino. En la adaptación al deletreo en español hemos cambiado esa carta por el Siete de Picas. El lector interesado podrá adaptar fácilmente el procedimiento para presentarlo, por ejemplo, con el Siete de Oros (la carta más valiosa en el juego de la Escoba) en una baraja española. (N.T.)

Diez cartas son separadas de la baraja. Sus nombres se apuntan en un papel. Las diez cartas se extienden cara arriba sobre la mesa y un espectador selecciona mentalmente una de ellas.

Se devuelven las diez cartas al centro de la baraja. El mago toma una carta al azar, lleva a su espalda tanto el mazo como esta carta y anuncia que va a introducir la carta en la baraja. Así lo hace. La baraja se extiende cara abajo sobre la mesa para revelar la carta invertida, que está por la zona central de la extensión. El mago explica que si ha tenido éxito la carta volteada le permitirá localizar la que el espectador tiene en su mente. Y eso es lo que procede a demostrar.

Método

La carta que protagoniza este efecto es el Siete de Picas. Antes de presentar el efecto debes localizar esta carta, voltearla y colocarla en la sexta posición empezando por abajo con la baraja situada dorso arriba.

Extiende la parte superior de la baraja y pide que extraigan diez cartas. Haz que mezclen las diez cartas, y extiéndelas cara arriba sobre la mesa. Pide a un espectador que piense en una de las diez cartas. Mientras, «para asegurarse de que no se produce ningún error al recordar esa carta», apunta los nombres de las diez cartas en un papel. Una vez hecho, recoge la extensión y deposítala sobre el resto de la baraja. Corta y completa el corte.

Extrae una carta de la parte superior de la baraja, pero no muestres su valor. Lleva esta carta, junto con la baraja, a tu espalda. Explica que vas a introducir esa carta cara arriba en la zona central del mazo; en realidad, la dejas sobre el mazo sin voltearla y vuelves a poner la baraja sobre la mesa. Extiéndela para que se vea el Siete de Picas cara arriba en el centro de la extensión. Explica que esa carta te servirá para encontrar la que fue pensada. Pide al espectador que nombre esa carta, y mira su posición en la lista que apuntaste. Su posición en esa lista determinará el uso que hagas del Siete de Picas para llegar a la elegida. La tabla que se detalla a continuación servirá para clarificar el procedimiento. El número de la izquierda indica la posición de la carta en la lista:

1. Divide la extensión justo por encima del Siete, cuadrando la mitad inferior. Voltea el Siete y déjalo sobre el paquete. Cuenta a partir de él, y voltea la séptima carta.

2. Divide la extensión por debajo del Siete, y cuenta hasta la séptima carta.

3. Divide por debajo del Siete, cuenta siete cartas y voltea la siguiente.

4. Nombra el valor y el palo: «Siete-Picas». Divide la extensión justo encima del Siete, volteándolo sobre el paquete. Deletrea «Siete Picas» y voltea la carta que corresponde a la «s» final.

5. Divide la extensión por debajo del Siete. Deletrea «Siete Picas» y voltea la carta que corresponde a la «s» final.

6. Divide la extensión por debajo del Siete. Deletrea «Siete Picas» y voltea la carta siguiente a la que corresponde a la «s» final.

7. Divide la extensión por debajo del Siete. Deletrea «Siete de Picas» y voltea la carta que corresponde a la «s» final.

8. Divide la extensión por debajo del Siete. Deletrea «Siete de Picas» y voltea la carta siguiente a la que corresponde a la «s» final.

9. Divide la extensión por debajo del Siete. Deletrea «El Siete de Picas» y voltea la carta que corresponde a la «s» final.

10. Divide la extensión por debajo del Siete. Deletrea «El Siete de Picas» y voltea la carta siguiente a la que corresponde a la «s» final.

¡Es decir, que en todos los casos hay una forma muy natural de contar cartas que lleva hasta la carta pensada por el espectador!

La lista es muy fácil de memorizar si nos fijamos en los siguientes puntos: Las diez posiciones de la lista pueden dividirse en cuatro grupos de tres, tres, dos y dos números. Para los tres primeros se usa el valor de la carta, el 7. Para los tres siguientes, su deletreo básico (que tiene diez letras). Para los dos siguientes se añade «de» al deletreo, y para los dos últimos se antecede con «El». Dentro de cada grupo de tres números el más bajo exige empezar la cuenta por el Siete de Picas tras voltearlo, el segundo número voltea la carta que termina la cuenta y el tercero voltea la carta siguiente a la última. Cuando solo hay dos números en el bloque se prescinde de la primera opción (es decir, no se empieza la cuenta por el Siete).

Hay otras cartas que pueden ser utilizadas de forma similar al Siete de Picas, una vez que el lector ha entendido la idea básica del juego.

LOCALIZACIÓN CON EL DOS DE PICAS[4]

♠ ♥ ♣ ♦

Este efecto es similar al anterior, excepto en que se utilizan dieciséis cartas en lugar de diez. Es un poco más difícil, ya que requiere un mayor esfuerzo de memoria. Pero merece la pena el trabajo adicional.

Método

Antes de empezar el juego debes situar el Dos de Picas en la tercera posición del mazo. Mezcla las cartas sin modificar la posición del Dos, y reparte dieciséis cartas en hilera, cara arriba, tomándolas de la parte superior del mazo. Pide a alguien que piense una de las cartas de la extensión.

Como en el efecto anterior, los nombres de las cartas se anotan «para evitar errores». Devuelve las cartas sobre el resto de la baraja. Asegúrate de dejarlas en el mismo orden, para que el orden de las primeras dieciséis cartas del mazo se corresponda con el de la lista.

Muestra la baraja en abanico para mostrar que todas las cartas tienen la misma orientación. Corta y completa el corte, pero mantén una separación con la yema del meñique izquierdo (asumiendo, obviamente, que la baraja está sujeta en la mano izquierda). Lleva la baraja a tu espalda, anunciando que vas a voltear una carta y a introducirla por el centro. La carta que volteas es el Dos de Picas, que es la tercera por debajo de la separación. Vuelve a poner la baraja frente a ti, y deposítala (cara abajo) sobre la mesa.

Pregunta el nombre de la carta que ha sido pensada. Si resulta ser el Dos de Picas, habrás realizado un verdadero milagro. ¡Solo tienes que extender las cartas y mostrar que la única carta vuelta es el Dos de Picas! Pero si no ha sido esa la carta pensada, explica que has volteado una carta simplemente para que te ayude a localizar la carta que ha sido pensada.

Extiende la baraja, mostrando en su centro el Dos de Picas cara arriba. La tabla que se detalla a continuación te indica lo que debes hacer en función de cuál sea la posición de la carta pensada en la lista.

1. Cuenta dos cartas por encima del Dos de Picas, y voltea la que termina la cuenta.

2. Voltea la carta que está inmediatamente encima del Dos de Picas.

3. (Es el Dos de Picas, caso ideal ya comentado antes.)

4. Voltea la carta que está inmediatamente debajo del Dos de Picas.

5. Separa la extensión por debajo del Dos de Picas, cuenta hasta la segunda carta y voltéala.

6. Separa la extensión por debajo del Dos de Picas, cuenta dos cartas y voltea la siguiente.

7. Separa la extensión por encima del Dos, deletrea «Picas» y voltea la carta que corresponde a la letra «s».

8. Separa la extensión por debajo del Dos, deletrea «Picas» y voltea la carta que corresponde a la letra «s».

9. Separa la extensión por debajo del Dos, deletrea «Picas» y voltea la carta siguiente.

10. Separa la extensión por encima del Dos, deletrea «Dos Picas» y voltea la carta que corresponde a la letra «s».

11. Separa la extensión por debajo del Dos, deletrea «Dos Picas» y voltea la carta que corresponde a la letra «s».

12. Separa la extensión por debajo del Dos, deletrea «Dos Picas» y voltea la carta siguiente.

13. Separa la extensión por debajo del Dos, deletrea «Dos de Picas» y voltea la carta que corresponde a la letra «s».

14. Separa la extensión por debajo del Dos, deletrea «Dos de Picas» y voltea la carta siguiente.

15. Separa la extensión por debajo del Dos, deletrea «El Dos de Picas» y voltea la carta que corresponde a la letra «s».

16. Separa la extensión por debajo del Dos, deletrea «El Dos de Picas» y voltea la carta siguiente.

Como se ve, una vez entendida la idea y conocida la posición de la carta pensada en la lista no es difícil deducir el camino adecuado para llegar hasta la carta pensada. Al ser muy similar el mecanismo al del efecto anterior, no insistiremos en repetir la lógica inherente a cada caso.

DOS MONTONES Y UNA RESTA

Este efecto es similar a uno que me mostró Paul Rosini. El método que propongo, sin embargo, es muy diferente al que empleaba Mr. Rosini.

Unas veinte cartas son repartidas en fila, sobre la mesa. Un espectador piensa en una de las cartas. La fila de cartas se recoge y se devuelve a la baraja. El mazo se mezcla y corta, formando dos montones. Uno de ellos es seleccionado por el espectador, y su carta se descubre en una forma novedosa.

Método

Antes de empezar el juego debes situar dos seises en las posiciones quinta y séptima de la baraja. Da lo mismo cuáles son los palos de esos seises.

Reparte cara arriba sobre la mesa, una a una y formando una fila, cartas de encima de la baraja. No importa cuántas cartas hay en la fila, mientras no sean más de 26. Unas veinte cartas es una cantidad razonable.

Pide a un espectador que piense en una de las cartas, y pide al espectador que cuente la posición de la carta desde la parte superior de la fila. Debe recordar ambas cosas, tanto la carta como su posición en la fila. Reemplaza la fila de cartas sobre el mazo, sin alterar su orden.

Ahora vas a someter a la baraja a una mezcla por arrastre. Para describirla supondré que el lector está familiarizado con la mezcla de Erdnase que mantiene el orden de las cartas superiores del mazo (descrita en el prólogo).

Sujeta la baraja en la mano izquierda para iniciar la mezcla. La mano derecha levanta más o menos la mitad del mazo. Antes de empezar a mezclar estas cartas, no obstante, el pulgar izquierdo desliza hacia ti la primera carta del paquete que conserva sobre la mano izquierda. Mezcla las cartas de la mano derecha sobre la carta desplazada. Corta luego por esa carta (dejándola en la parte inferior del mazo). Continúa la mezcla arrastrando ahora cuatro cartas, una a una, y desliza hacia ti la siguiente, dejando caer el resto sobre ella. Esto completa la mezcla. Cuadra la baraja (manteniendo la carta que asoma en el lado interior) y pide al espectador que nombre la posición que ocupaba su carta, es decir, en qué lugar estaba desde la primera posición de la hilera.

Si dice el 1, el 5, el 6 o el 7 puedes producir su carta inmediatamente:

— El 1: voltea la baraja y muestra la carta inferior.

— El 5: corta el mazo bajo la carta desplazada, y voltea la carta superior del montón inferior.

— El 6: corta el mazo bajo la carta desplazada, y voltea el montón superior para mostrar su carta inferior (es decir, la carta que sobresalía). Si lo prefieres, puedes decir que la mezcla ha dejado casualmente una carta asomando un poco en el mazo. Gira la baraja y deja que sea el espectador quien extraiga la carta desplazada, que será la que él pensó.

— El 7: voltea la primera carta de la baraja.

La mayoría de las veces el espectador elegirá las cartas quinta, sexta o séptima. Otras veces, con la intención de pillar al mago, escogerá la primera. Por eso el manejo ha sido diseñado para que esas cuatro opciones tengan las salidas más favorables.

Para el resto de los números debes proceder de otra forma. Corta la baraja por debajo de la carta que asoma, formando dos mitades sobre la mesa. La figura 1 muestra dónde quedan las cartas primera, quinta, sexta y séptima dentro de los dos montones. El montón A era el que originalmente estaba arriba, y al cortar se depositó a la derecha. Las cartas que originalmente ocupaban las posiciones quinta y séptima son ahora las primeras cartas de ambos montones. Es decir, que la primera carta de cada montón es un Seis.

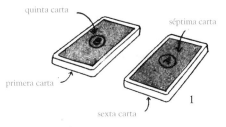

Explica al espectador que el juego funciona gracias a una pequeña resta. Pídele que voltee cara arriba la primera carta del montón que prefiera. No importa la que escoja, en ambos casos volteará un seis.

Si la posición de su carta era mayor que seis, debe restar seis de su número. ¡El resultado indicará la posición de su carta en el montón A! Supongamos que la posición era la 17ª. Diecisiete menos seis es once. Pide al espectador que cuente hasta la posición 11ª en el montón A, y encontrará su carta.

Haz que parezca que el propio espectador seleccionó el montón de la derecha de la siguiente forma: si volteó el seis del paquete A, voltéalo de nuevo boca abajo y empuja ese montón hacia el espectador, pidiéndole que cuente hasta la 11ª carta. Si, por el contrario, volteó el seis en el otro montón (el B) deja el seis cara arriba y pídele que cuente hasta la 11ª carta en el **otro** montón.

Si la posición de su carta estaba por debajo de seis, entonces debes restarla de seis. ¡El resultado indica la posición de la carta en el montón **izquierdo**! Supongamos que era la 4ª posición. Seis menos cuatro es dos. La carta es la segunda del montón izquierdo. El «forzaje» del montón se hace de forma similar a la que se ha explicado antes.

No me preguntes cómo una mezcla tan simple puede producir una situación tan compleja. Pero lo hace: si se realiza correctamente, el juego jamás falla.

Eugene Bernstein ha diseñado una interesante variante, que no necesita ninguna preparación. Gene simplemente se fija en las cartas que ocupan las posiciones primera, quinta, sexta y séptima, y se las apaña para buscar una combinación de sus valores que produzca 6 como resultado. Esto es posible casi siempre. Si una de las cuatro cartas es un Seis, tema resuelto. Si hay un Cinco y un As, se suman. O quizá restes un Cuatro de un Diez para obtener 6. Este tipo de recursos casi asegura que se pueda obtener un 6 combinando varias de esas cuatro cartas. De esta forma, cuando se hacen los dos montones, en el transcurso del efecto, lo único que hace Gene es mostrar las cartas que le interesan, las combina para obtener un 6, y termina el juego a partir de ahí. ¡Con un poco de inventiva, y forzando al espectador el montón que le interesa, puede hacer que este efecto parezca un milagro!

HAZ LO MISMO QUE YO

Agradezco mucho a Ted Annemann que me haya permitido explicar aquí un efecto mío que fue publicado en el número extra de invierno 1937-1938 de *The Jinx*.

En una primera fase el procedimiento es similar al tradicional efecto de «haga usted como yo» utilizando dos barajas. El mago y un espectador mezclan sendas barajas. Cada uno escoge una de sus cartas, la coloca sobre su baraja y corta y completa para que la carta se pierda por el centro. Se intercambian las barajas. Cada uno localiza su carta en la baraja que tiene en su poder, y la deposita cara abajo sobre la mesa. Hasta aquí el esquema es el habitual. En la versión clásica se voltean ambas cartas y resultan ser la misma. En mi versión se consigue un final más sorprendente.

Las cartas elegidas se colocan a la derecha de sus respectivas barajas. El mago explica que este juego tiene un secreto muy sencillo: si quiere saber cuál es la carta elegida por el espectador, solo tiene que mirar la carta superior de su paquete y nombrarla. Diciendo esto, voltea la carta superior de su paquete y la que eligió el espectador: ¡son la misma carta!

El mago continúa diciendo que el espectador, si lo desea, puede hacer lo mismo para adivinar la identidad de la carta escogida por el mago. La primera carta de la baraja del espectador y la que escogió el mago se vuelven cara arriba. ¡Son también idénticas!

Método
Mientras mezcláis las barajas intenta ver discretamente cuál es la carta inferior del paquete del espectador. Si no lo consigues, memoriza la carta inferior de tu propia baraja e intercámbiala con la del espectador, justificándolo con la charla.

Supondremos, por tanto, que conoces la carta inferior de la baraja que sostiene el espectador en sus manos. Tanto él como tú miráis vuestras cartas, sin que las pueda ver nadie más, y extraéis una de ellas. Ponéis esta carta en la primera posición de vuestra baraja, y cuadráis esta.

La carta que has llevado tú a esa primera posición deberá ser la misma que viste en la posición inferior de la baraja del espectador.

Cada baraja es ahora cortada, y completado el corte. Sin embargo, el corte que haces tú es un corte falso. Nunca será detectado, porque la atención estará centrada en el corte que hace el espectador.

He llegado a la conclusión de que el mejor (y el más sencillo) de los cortes falsos para este juego es este: la baraja se sujeta en la mano izquierda como se ve en la figura 1, con el dorso de las cartas en el lado del público. La baraja debe estar en un plano vertical; este detalle es muy importante, muchos magos hacen este corte falso pero no consiguen crear la ilusión adecuada porque sujetan la baraja horizontalmente. Las cartas deben estar perpendiculares al suelo, en la posición de la figura, con las manos en tu lado izquierdo.

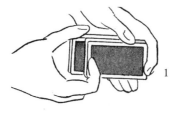

1

Los dedos derechos sujetan el mazo por el extremo más cercano a tu cuerpo (como muestra la figura) y extraen hacia ti la mitad inferior de la baraja. Este paquete de cartas se desliza hasta que sobrepasa la mitad superior de la baraja, y se deja sobre la mesa, golpeándola al hacerlo. **La mano izquierda debe permanecer quieta.** La mano derecha regresa, se lleva la otra mitad de la baraja y la deposita –sonoramente– sobre las cartas de la mesa. Todo el movimiento se realiza con la mano derecha, permaneciendo la izquierda en reposo. La ilusión es perfecta. ¡De hecho, resulta incluso más convincente que un corte real, realizado con las manos en la misma posición!

Una vez las dos barajas han sido –la tuya, falsamente– cortadas, son intercambiadas. El espectador y tú las abrís en abanico, frente a vuestros ojos. El espectador debe buscar en su baraja la carta que escogió, extrayéndola y poniéndola en la primera posición del mazo; tú haces aparentemente lo mismo.

Busca en tu baraja tu carta clave (es decir, la carta que originalmente estaba en la posición inferior de la baraja del espectador), que estará por la zona del centro. Cuando la encuentres, cuádrala bien con la carta que está **bajo** ella (la que está más hacia ti); extrae estas dos cartas como si fuesen solo una y colócalas en la parte posterior del abanico.

Las dos barajas se depositan cuadradas sobre la mesa. Cada una de las cartas superiores (es decir, las que fueron elegidas) se coloca a la derecha de sus respectivos mazos. El resto es ya cuestión de charla y de presentación. La carta superior de tu paquete coincide con la carta del espectador, y la carta superior de su montón coincide con la que «escogiste» tú.[5]

5. Si, al iniciar el juego, en tu charla comentas que tienes una «carta favorita», alejarás un poco más las mentes de los espectadores de la idea que fundamenta el ingenioso procedimiento ideado por Gardner. (N.T.)

RUTINA FLIPANTE

♠ ♥ ♣ ♦

Es difícil que engañes a los magos con esta rápida ilusión carto-mágica, pero los espectadores profanos flipan con ella. Pruébala y juzga por ti mismo.

Método
Debes hacer una pequeña preparación antes de presentar el juego. Busca los sietes y los ochos negros, y coloca sobre el mazo el Siete de Picas y el Ocho de Tréboles. El Siete de Tréboles y el Ocho de Picas estarán en las posiciones inferiores de la baraja, vueltos cara arriba.

Mezcla la baraja a la americana, manteniendo en sus posiciones las cuatro cartas preparadas. Haz un corte extrayendo la mitad central de la baraja y dejándola caer sobre el resto, pero toma una separación entre este paquete y las dos cartas negras que estaban sobre el mazo. Fuerza estas dos cartas a un espectador. Pídele que las recuerde, y devuélvelas sobre la baraja.

Corta la baraja, y completa el corte. Cuadra las cartas. Haz un «chasquido mágico» con los dedos, sobre la baraja, diciendo que vas a hacer que las cartas elegidas se volteen cara arriba. Abre en abanico la baraja, para mostrar el Siete de Tréboles y el Ocho de Picas. El espectador creerá que son sus cartas; antes de que tenga tiempo para fijarse bien en ellas; no obstante, harás lo siguiente: sujetando el abanico con la mano derecha, la mano izquierda toma todas las cartas que están detrás de las dos cartas vueltas, las invierte, las cuadra y las vuelve a dejar **detrás** de ellas. Ahora es la mano izquierda la que sujeta toda la baraja, para que la mano derecha separe todas las cartas que hay extendidas a la derecha de las dos cartas vueltas, las voltee y las vuelva a poner sobre las demás.

Este movimiento consigue dos objetivos: (1) pierde las dos cartas elegidas (?) por el centro de la baraja, con la misma orientación que el resto, y (2) lleva las dos cartas que realmente se escogieron a las dos primeras posiciones del mazo.

Cuadra las cartas y anuncia que ahora vas a hacer que las dos cartas elegidas viajen desde el centro de la baraja hasta las primeras posiciones de la misma. Chasquea los dedos y voltea las dos primeras cartas, mostrando el efecto que acabas de anunciar.

De esta forma, el juego termina con las mismas cartas que el espectador había elegido.

Si presentas esta rutina con ritmo ágil es muy poco probable que el espectador detecte que las dos cartas que aparecen vueltas no son las que él había escogido.

Y, por supuesto, pueden utilizarse otras cartas diferentes a las propuestas.

LAS BARAJAS COINCIDENTES

♠ ♥ ♣ ♦

Para este efecto se necesitan dos barajas. El espectador puede mezclar ambas a conciencia antes de empezar el juego. Para facilitar la explicación supondremos que una de las barajas tiene dorso rojo y la otra dorso azul.

El mago explica que para este juego hay que utilizar dos cartas que coincidan en valor y color, como podrían ser –por ejemplo– los dos Ases rojos. El espectador decide con qué dos cartas se hará el juego; supongamos que escoge hacerlo con los Ases rojos.

Se toma la baraja azul y se extraen de ella los dos Ases rojos. El mago extiende la baraja en abanico, pidiendo al espectador que toque una carta cercana a la zona central. Hecho esto, los Ases rojos se introducen cara arriba, a ambos lados de la carta señalada. La baraja se deja cuadrada a un lado. Nadie –ni siquiera el espectador– ha visto la carta elegida, pero los Ases marcan su posición en el mazo.

Ahora se coge la baraja roja. Se extraen también sus dos Ases rojos y se colocan juntos, cara arriba, en el centro de la baraja.

El mago habla de la «conexión de simpatía» que vincula las dos barajas. La baraja roja –comenta– intenta imitar todo lo que sucede en la baraja azul. Para demostrarlo abre en abanico la baraja azul, extrae la carta elegida y la voltea cara arriba. Supongamos que es la Jota de Tréboles. La baraja roja se extiende igualmente en abanico, ¡y para el asombro general hay ahora una carta cara abajo entre los dos Ases rojos! La carta es extraída y vuelta cara arriba. ¡Es también la Jota de Tréboles!

Método

Cuando los Ases (o la pareja de cartas que designe el espectador) son colocados cara arriba a ambos lados de la carta elegida se dejan inicialmente desplazados en la mitad de su longitud, y luego se cuadran con las demás cartas. En ese proceso se aprovecha para hacer un vistazo secreto de la carta elegida. Tras probar muchos métodos de lograrlo he diseñado dos formas de hacer este vistazo. Las dos me parecen igual de buenas, así que serás tú quien escoja la que encaje mejor con tu estilo.

Vistazo número uno: sujeta la baraja en la mano izquierda, con las caras hacia ti, como se ve en la figura 1. Al empujar con los dedos derechos los Ases en la baraja, la carta elegida asomará por el extremo opuesto.

1

La palma izquierda oculta al público la carta que asoma. Deja que sobresalga lo justo como para ver su índice y empújala hacia el interior de la baraja con el pulgar derecho, cuadrando el mazo. Con un poco de práctica el movimiento puede hacerse con rapidez y suavidad.

Vistazo número dos: sujeta la baraja en la mano izquierda, cara arriba, como en la figura siguiente; las cartas muestran su dorso al público. Llama la atención hacia los palos de los Ases. Al nombrar el que muestra su cara señálalo con los dedos de la mano derecha. Cuando nombres el que está detrás, dóblalo un poco hacia atrás con los dedos derechos para que el público vea su cara (figura 2).

Si la mano izquierda sujeta la baraja sin mucha rigidez, al doblar el As se creará una pequeña separación en el mazo, sobre la

carta elegida. Eso te permite dar un rápido vistazo a su índice, como se ve en la figura anterior.

Una vez conocida la identidad de la carta (mediante cualquiera de los métodos descritos), cuadra las cartas y deja la baraja a un lado, dorso arriba.

Toma la baraja roja y ábrela en abanico con las caras hacia ti. Sujeta las cartas de modo que nadie más pueda ver sus caras. Supuestamente estás buscando los dos Ases rojos. Cuando localices el primero de ellos, sin dar a entender que ya lo has visto, expresa que te está costando encontrarlos. Mientras dices esto, corta el mazo de modo que el As localizado pase a la primera posición, como si lo hicieras para empezar de nuevo tu búsqueda.

Esta vez tienes que localizar la carta elegida; cuando la encuentres, extráela abiertamente y colócala en la primera posición de la baraja. Di que ya has encontrado uno de los Ases, y procede a buscar el segundo; cuando lo encuentres, ponlo también en la primera posición de la baraja. En esta última búsqueda debes inclinar el abanico hacia el suelo, de modo que los espectadores vean que realmente estás sacando el As del abanico y recolocándolo en la primera posición del mazo.

En este punto tienes los dos Ases en la parte superior de la baraja, con la carta elegida entre ellos. El público, sin embargo, cree que solo están los dos Ases. Vuelve la baraja dorso arriba, y en el gesto de cuadrarla toma una separación con el meñique izquierdo bajo la carta elegida. Voltea el primer As, nómbralo y cuádralo con la carta que tiene debajo. La mano derecha toma ahora las dos cartas como una, sujetándolas por sus extremos, con el pulgar en el borde interior y el dedo medio en el exterior. La esquina interior izquierda del As (en realidad, la carta doble) se utiliza ahora para voltear el segundo As sobre el resto de la baraja. Nómbralo, como hiciste con el otro.

Uno de los Ases está cara arriba sobre la baraja. La mano derecha parece sujetar el otro As, también cara arriba. Deja caer la(s) carta(s) de la mano derecha sobre el As de la baraja, cuadra esta, córtala y completa el corte. Para los espectadores el manejo resulta perfectamente natural. Aparentemente has puesto los dos Ases cara arriba y los has llevado al centro de la baraja. El resto del juego debería quedar ya muy claro.

Podría ser interesante mencionar que el manejo antes explicado puede ser utilizado también como una novedosa revelación de una carta elegida. La carta se controla en la segunda posición de la baraja. Aparentemente se voltean las dos primeras cartas (como se explicó con los Ases) y se corta y completa la baraja. Se nombra la carta elegida, se abre la baraja en abanico y la carta elegida aparece cara abajo entre las dos cartas volteadas.

LA CARTA QUE DESAPARECE Y REAPARECE   ♠ ♥ ♣ ♦

Una carta elegida desaparece de la baraja, para después reaparecer de una forma increíble.

Método
Antes de empezar el juego debes voltear cara arriba la carta inferior del mazo.

Mezcla la baraja a la americana, manteniendo en su sitio la carta inferior. Ten cuidado de que el público no pueda ver la carta invertida. Cuadra la baraja y sujétala en la mano izquierda. Hojea con la mano derecha el extremo exterior de la baraja e invita a un espectador a introducir un dedo en el punto que desee.

Divide la baraja por el lugar en el que el espectador ha introducido su dedo. Voltea la mitad superior y nombra la carta inferior de este paquete. Supongamos que se trata del As de Tréboles. Las dos mitades de la baraja se colocan enfrentadas, cara contra cara. La mitad que muestra el As va debajo de la otra mitad.

Cuadra la baraja y voltéala **tres** veces. Seguidamente, afirma que el As de Tréboles ha desaparecido. Para demostrarlo, abre la baraja en abanico y señala el hecho de que la primera carta que aparece cara arriba, donde se encuentran las dos mitades del mazo, no es el As de Tréboles. Obviamente el público supone que la carta que está boca abajo en ese punto de contacto –es decir, la carta inferior del montón superior– es el As. Cuadra la mitad superior, vuélvela cara arriba y colócala así sobre las otras cartas. ¡Para sorpresa de todos, la carta inferior de este paquete tampoco es el As!

Mientras cuadras la baraja (que se encuentra cara arriba en la mano izquierda) toma una separación bajo la segunda carta (que sí es el As de Tréboles), usando la yema del meñique y preparándote para empujar las dos primeras cartas como una. Las cartas se pasan ahora una a una de la mano izquierda a la mano derecha, invirtiéndolas, como si las estuvieras contando. Pide al espectador que se fije en el As de Tréboles. La primera carta que pasas a la mano derecha es, por supuesto, la carta doble. He comprobado que la mejor forma de pasarla es deslizar primero la carta doble dos o tres centímetros a la derecha del resto. El pulgar izquierdo pasa a presionar sobre la carta doble para sujetarla un instante, mientras la mano derecha se recoloca para tomar la postura de arrastrar y recoger las cartas según se vayan pasando.

Una vez hayan pasado todas las cartas, afirma que el As parece haberse volatilizado. Cuadra la baraja y sujétala cara abajo en la mano izquierda (el As ocupa ahora la primera posición de la baraja).

En este momento te ofreces a explicar al público cómo ha desaparecido el As. Al principio –dices– hojeaste la baraja y una persona introdujo un dedo entre las cartas. Según lo rememoras, hojea las cartas como antes y haz que el espectador vuelva a insertar el dedo. Siguiendo exactamente el mismo manejo que antes, volteas la mitad superior de la baraja (recordando que la otra vez la carta inferior de este paquete era el As de Tréboles) y coloca las dos mitades cara contra cara. Antes de juntar las dos mitades, no obstante, enseña las cartas que hay en la cara de cada uno de los paquetes para que se vea que ninguna de ellas es el As de Tréboles.

En este momento hay que hacer una maniobra importante. La mano izquierda está sujetando uno de los montones, cara arriba (la carta que está detrás del paquete es el As). La mano derecha sujeta la otra mitad, cara abajo. Coloca juntas las dos mitades, cara contra cara, pero desplaza la mitad superior dos o tres centímetros a la derecha del borde de la mitad inferior (ver la figura

1). Como se ve en la figura 2, los dedos izquierdos desplazan el As desde la posición trasera del montón de la mano izquierda hasta alinearlo con las cartas del montón de la mano derecha. Todo esto se oculta al público gracias a la inclinación que se da a las cartas hacia delante. La figura 2 ofrece una vista de la maniobra desde abajo.

En el momento en que el As queda a la altura de la mitad de la baraja que sujeta la mano derecha dicha mano se retira con su paquete; se lleva con él también el As, regresando inmediatamente para volver a depositar sus cartas sobre las de la mano izquierda –cara contra cara– y cuadrar el mazo. El As es ahora la carta inferior en el punto donde contactan las dos mitades.

Continúa la charla sobre cómo desapareció originalmente el As. Voltea la baraja tres veces, como antes, y abre las cartas en abanico. Indica que cuando hiciste eso por primera vez el As había desaparecido. Pero –añades– el volteo de las cartas resultaba confuso y muchos pensaron que el As se había quedado en la última posición de la mitad superior de la baraja. «Pero resultó no ser el As». Según dices eso, da la vuelta a la mitad superior del abanico… ¡para mostrar el As de Tréboles! Muéstrate sorprendido, y di: «Bueno, de todas formas, me alegro de que hayamos encontrado el As».

Hay otra forma más sencilla de terminar este efecto, que prescinde de la manipulación descrita. No acabo de estar seguro de que sea igual de efectiva.

Tras pasar todas las cartas para comprobar que el As ha desaparecido, cuadra la baraja y mézclala por arrastre. El objetivo de esta mezcla es transferir el As de la primera a la última posición de la baraja. Lo único que hay que hacer es arrastrar primero la carta superior (el As), y después mezclar normalmente el resto de las cartas sobre ella.

Cuadra las cartas y empieza a rememorar cómo se produjo la desaparición del As. Hojea las cartas y haz que introduzcan un dedo. Voltea la mitad superior y coloca las dos mitades enfrentadas, cara contra cara, sin dejar que se vea el As como carta inferior de una de las dos mitades. Antes de juntar las dos mitades, sin embargo, señala la carta superior del montón inferior para recordar al público que el As se encontraba allí justo antes de desaparecer. Cuadra las cartas y voltea tres veces el conjunto, explicando que después de hacer eso la vez anterior abriste la baraja en abanico y el As había desaparecido misteriosamente. ¡Mientras dices esto, abre la baraja en abanico y revela la aparición del As en el punto de contacto entre las dos mitades!

La versión original de este efecto mío se publicó por primera vez en el segundo libro de Joe Berg, *Here's More Magic*.[7] Contando con el amable permiso de Joe ofrezco aquí una versión más elaborada, que se basa en el mismo principio.

Dos cartas son elegidas por sendos espectadores y devueltas a la baraja, que es mezclada. El mago anuncia que va a localizar la primera carta deletreando las respuestas que se den a tres diferentes preguntas. Pregunta por el color de la carta, por su palo, y finalmente quiere saber si la carta es una figura o una carta de puntos. Para cada respuesta se va pasando una carta por cada letra. El deletreo finaliza en la carta correcta.

Las cartas de la mesa son devueltas a la baraja, que es mezclada de nuevo. Dirigiéndose al segundo espectador, el mago le ofrece encontrar su carta mediante un método parecido, pero con una característica adicional: ¡El espectador puede mentir si así lo desea! Es decir, que si su carta es roja puede decir que es negra. No está obligado a mentir, pero tiene la opción de mentir en una o más respuestas. ¡Haga lo que haga, el deletreo vuelve a terminar en la carta elegida![8]

Método

En el momento de extender las cartas entre las manos para que los dos espectadores escojan sus cartas, cuenta las cartas a partir de la parte superior de la baraja e intenta forzar las cartas decimoséptima y decimoctava. No hay problema si no lo consigues; basta con que conserves una separación bajo la decimosexta carta y hagas que devuelvan las cartas en ese punto, para que queden en las posiciones decimoséptima y decimoctava del mazo. Si el

6. Las posiciones de las cartas elegidas y los deletreos han sido adaptados al español, procurando mantener el efecto y el manejo iguales a la versión en inglés. (N.T.)

7. Libro que en realidad fue escrito por el propio Martin Gardner (N.T.).

8. Aquí Gardner no es del todo claro. El espectador puede mentir, pero la combinación de valor y palo debe ser coherente. Por ejemplo, no podría deletrear «Roja» y luego «Picas». (N.T.)

forzaje resulta exitoso, haz que las cartas escogidas conserven sus posiciones en la baraja.

Mezcla la baraja por arrastre, manteniendo las dieciocho cartas superiores (en el prólogo está explicado el método de Erdnase para conseguirlo). Si lo ves oportuno, haz también el corte falso explicado en el efecto «Haz lo mismo que yo».

Dirígete en primer lugar al espectador cuya carta ocupa la decimoséptima posición en la baraja. El método que te permite finalizar el deletreo en esa carta es el siguiente:

Pregunta si la carta es negra o roja. Deletrea la respuesta.

Pregunta por el palo: deben ser deletreados en plural los palos de «Picas» y «Rombos», y en singular «Trébol» y «Corazón». Si el espectador nombra uno de estos palos en plural puedes simular no haber escuchado bien, y preguntar «¿es de Trébol?» o «¿es un Corazón?», para que resulte natural deletrearlos de esta forma.

Pregunta si la carta elegida es una «figura» o una carta de «puntos» (si te parece más natural, puedes usar las palabras «figura» y «número», todas las opciones tienen el mismo número de letras). Deletrea la respuesta dada por el espectador.

Solo hay ocho combinaciones posibles en las respuestas, y todas necesitan 16 o 17 letras. Aquí se detallan todas:

Roja	Corazón	Figura	17
Roja	Corazón	Puntos	17
Roja	Rombos	Figura	16
Roja	Rombos	Puntos	16
Negra	Picas	Figura	16
Negra	Picas	Puntos	16
Negra	Trébol	Figura	17
Negra	Trébol	Puntos	17

Al terminar el último deletreo, hay dos posibilidades: si el palo era uno de los nombrados en plural (rombos o Picas), la carta elegida será la siguiente a la que termina el deletreo (ya que el deletreo ha sido de 16 cartas). En cambio, si se ha deletreado el palo en singular (Corazón o Trébol), la carta elegida será la que coincida con la última letra del deletreo.

No resulta difícil memorizar el método seguido para nombrar los palos. Con unos cuantos ensayos verás que es fácil recordar la forma correcta de manejar las respuestas.

Una vez localizada correctamente la primera carta mediante el deletreo de sus características, déjala aparte y vuelve a depositar sobre la baraja las cartas utilizadas en los deletreos. La segunda carta elegida se encuentra ahora en la decimoséptima posición. Vuelve a mezclar la baraja sin alterar la posición de esa carta.

Explica al segundo espectador que puede tratar de impedir el éxito del juego mintiendo respecto de su carta. Obviamente, no importa qué respuestas dé.[9] Siguiendo el método ya explicado harás que el deletreo finalice en la carta correcta.

Si quieres presentar el efecto a un solo espectador, controla su carta en la posición decimoséptima. Una vez que hayas encontrado la carta mediante las respuestas veraces, devuélvela a la posición superior de la baraja y pon sobre ella las dieciséis cartas utilizadas para los deletreos. Explícale que el juego habría funcionado también si te hubiera intentado engañar. Para demostrarlo, mezcla en falso la baraja y repite los deletreos, empleando sus respuestas «incorrectas».

9. Siempre que el color y el palo tengan coherencia entre sí, como se ha dicho antes, y que se sigan el resto de las reglas explicadas.

CORTA la BARAJA

La cartomagia tiene con **Martin Gardner** una deuda muy superior de lo que la mayoría de los magos son conscientes. En **Corta la baraja** encontrarás diecisiete efectos originales y tremendamente prácticos; algunos con una construcción exquisita, y muchos con técnicas e ideas muy valiosas.

Juegos que han pasado a formar parte de los repertorios habituales de los cartomagos, aunque otros yacen todavía escondidos y merecen ser redescubiertos.

Jim Steinmeyer

LA MAGIA DE MARTIN GARDNER

Esta trilogía contiene gran cantidad de inspiradoras ideas: desde efectos directos hasta sofisticadas charlas, desde útiles manipulaciones hasta estructuras ingeniosamente diseñadas. Como señaló Theo Annemann, Gardner tiene una «predilección por las sutilezas más exquisitas». Estos libros son también una crónica de las fascinantes ideas que se compartieron en los selectos círculos de magos en los que participó. Y desde el principio hasta el final encontrarás el gusto por lo inesperado y el profundo conocimiento de la psicología del espectador que siempre han caracterizado a Martin Gardner.

Max Maven

MG 1: MATEMAGIA

Introducción,
Max Maven

Test de clarividencia
Magia al cuadrado
Cartomagia matemática
Apuestas y probabilidades
Computación mágica
Juegos geométricos
Dados matemágicos
Más cartomatemagia
Ciencia mágica
Cuadrado, papel, tijera
Esto con-cuerdas
Test de telequinesia

MG 2: CARTOMAGIA

Agradeciendo los regalos
olvidados, *Stephen Minch*

Juegos con poca dificultad
Póquer y Ases
Deletreos
Rojas y Negras
Técnicas
Pañuelo y baraja
Magia para magos
Asimetrías
Popurrí cartomágico
Bert Allerton y Senator
Crandall

MG 3: MAGIA DE CERCA

Prefacio
Martin Gardner

Magia con monedas
Magia con cerillas
A través del sólido
Magia con cigarrillos
Pasa-pasa
Magia con cuerdas
Batiburrillo mágico
Magia con botellas
Magia con huevos
Haciendo magia a niños
Dos objetos divertidos
Magia mental
Magia en Manhattan

♠ ♥ ♣ ♦

Páginas
LIBROS DE MAGIA